Andeutungen

über

die Noth

der

arbeitenden Klassen

und über die

Aufgabe der Vereine

zum Wohl derselben.

Von

L. Buhl.

1845.

Springer-Verlag Berlin Heidelberg GmbH

ISBN 978-3-642-47144-5   ISBN 978-3-642-47430-9 (eBook)
DOI 10.1007/978-3-642-47430-9

I.

Große geschichtliche Gegensätze pflegen den Zweiflern ihr
Dasein durch plötzliche Eruptionen zu verkünden. Ein schnell
wie der Blitz eintretendes und ebenso schnell wieder ver-
schwindendes Ereigniß hat einen der furchtbarsten Abgründe
beleuchtet, an dessen Rande unsere Gesellschaft sorglos la-
gerte. Der unterdrückte Schrei der Noth war überhört worden, das verzweiflungsvolle Aufschreien, welches nur durch
ein **argumentum ad hominem** gedämpft werden konnte,
mußte beachtet werden. Hartnäckige Zweifler suchten zwar
auch jetzt noch die ihnen unangenehme Wahrheit abzuläug-
nen; war doch die Thatsache lange vorhanden gewesen, ohne
gewaltsam hervorzubrechen, ohne ihrer jetzigen Bedeutung
nach gewürdigt worden zu sein; konnte sie nicht noch länger verborgen bleiben? oder war nicht vielmehr ihr plötzli-
ches Hervorbrechen ein künstliches Hervorziehen, lag nicht
vielleicht das Uebel weniger in ihrem Vorhandensein als in
ihrem Bekanntwerden? Indeß dieses Sträuben gegen con-
statirte Thatsachen, dieses Abweisen des unverkennbaren That-
bestandes ist nicht von langer Dauer gewesen. Die Kabi-
nets-Ordre vom 25. Oktober 1844 hat die „geistige und
leibliche Noth der Hand- und Fabrikarbeiter" anerkannt, und

1 *

die Stiftung der zahlreichen Vereine für das Wohl der arbeitenden Klaſſen liefert den Beweis, daß auch wir aus unſerer ſichern Ruhe aufgeſtört ſind, daß das geſellſchaftliche Uebel, welches man auf Frankreich und England beſchränkt glaubte, auch bei uns ſeinen Sitz aufgeſchlagen hat, und daß die drohende Gefahr und die Nothwendigkeit ihrer Bekämpfung nicht mehr beſtritten werden.

Wenn noch vor einem halben Jahre über das Vorhandenſein der Thatſache geſtritten werden mußte, ſo iſt das jetzt überflüſſig; es kann nur noch gefragt werden, ob das Uebel intenſiv und extenſiv bei uns ſo groß ſei wie in Frankreich und England.

Ueber die letztere Frage läßt ſich wohl nichts Beſtimmtes ſagen, da bei uns dem Pauperismus erſt ſeit ganz kurzer Zeit Aufmerkſamkeit geſchenkt worden iſt und noch keine umfaſſenden Beobachtungen vorliegen. Doch läßt ſich vermuthen, daß das Uebel bei uns nicht ſo ausgedehnt ſei wie in Frankreich und England, weil bei uns die Urſachen nicht ſo allgemein wirkſam geweſen ſind.

Ob dagegen die Noth bei uns intenſiv, alſo abgeſehen von ihrer räumlichen Verbreitung, ſo groß ſei wie in Frankreich und England würde ſich durch Vergleichung verſchiedener Berichte ausmachen laſſen. Ausführliches Eingehen auf dieſen Punkt dürfen wir uns freilich nicht erlauben und müſſen uns mit einigen ſchlagenden Gegenüberſtellungen begnügen.

Hören wir zunächſt, wie ein mit der Armuth ſympathiſirender Mann, der Doktor Guépin, ſich über die Lage und Lebensweiſe derſelben in Frankreich ausſpricht:

„Wenn Sie wiſſen wollen, wie eine Arbeiterfamilie wohnt und ſich nährt, ſo treten Sie in eine jener Straßen, in welchen unſere Arbeiter durch das Elend zuſammengeſchichtet werden, wie die Juden es einſt im Mittelalter durch

die Vorurtheile des Volks waren. Man trete mit gesenktem
Haupte in eine jener Kloaken, welche nach der Straße hin=
ausgehen und unter dem Niveau liegen. Die Luft ist kalt
und feucht, wie in einem Keller. Die Füße gleiten auf dem
unreinen Boden aus und man fürchtet in den Koth zu
fallen. Auf jeder Seite des Flurs, der abschüssig ist und
also tiefer als die Straße liegt, befindet sich ein dunkles,
großes, eiskaltes Zimmer, dessen Wände schmutzige Feuch=
tigkeit ausschwitzen und welches nur durch ein schlechtes
Fenster erhellt wird, das zu klein ist, um das Licht durch=
zulassen und zu schlecht, um ordentlich zu schließen. Man
mache die Thür auf und gehe weiter vor, wenn man nicht
durch die stickige Luft zurückgetrieben wird. Aber man
nehme sich in Acht, denn der unebene Fußboden ist weder
gedielt noch mit Fliesen belegt, oder wenigstens sind die
Fliesen mit einer so dicken Schmutzschicht bedeckt, daß es
unmöglich ist, sie zu sehen. Hier findet man zwei oder drei
Bettstellen, welche mit Bindfaden ausgebessert sind, der nicht
lange gehalten hat; sie sind von Würmern zerfressen und
senken sich auf das Fußgestell herab. Diese Bettstelle ist
gefüllt mit einem Strohsacke und einer zerlumpten Decke,
welche selten gewaschen wird, weil sie die einzige ist; zu=
weilen findet man Betttücher und ein Kopfkissen. Der Spin=
den bedarf man in diesen Häusern nicht. Zuweilen ver=
vollständigen ein Spinn= und ein Webestuhl das Ameuble=
ment. In den andern Stockwerken sind die Stuben trockner
und etwas heller, aber ebenso schmutzig und armselig. Hier
arbeiten die Männer im Winter oft ohne Feuer und Abends
beim Schein einer Pechfackel. Sie arbeiten vierzehn Stun=
den täglich für einen Arbeitslohn von 15 — 20 Sous.
Die Kinder dieser Klasse bringen ihr Leben im Schmutze
der Straßenrinnen zu, bis sie das Vermögen ihrer Familie
durch eine armselige und verthierende Arbeit um einige

Dreier vermehren können. Der Anblick dieser bleichen, gedunsenen, dünn aufgeschossenen Kinder mit rothen, triefenden Augen, welche mit skrophulösen Augenkrankheiten geplagt sind, ist im höchsten Grade jammervoll. Man sollte glauben, sie wären von einer andern Natur als die Kinder der Reichen."

Diese Schilderung klingt trostlos genug, aber doch nicht so trostlos, daß wir ihr nicht vollkommen entsprechende Seitenstücke entgegenstellen könnten. Die Armen, von denen hier die Rede ist, leben schlecht, wohnen in schmutzigen Löchern, haben schlechte Betten — und das Besitzen von Betten überhaupt könnte sogar noch als ein Luxus erscheinen, da dasselbe mehr eine Bequemlichkeit als eine Nothwendigkeit des Lebens ist — und müssen vierzehn Stunden täglich arbeiten, um ihr elendes Leben zu fristen. Aber die armen Arbeiter bei uns wohnen in der Regel nicht besser, haben keine bessern Betten und treiben bei angestrengter Arbeit ihren Verdienst nicht höher. Wer das bezweifeln sollte, der möge die Höhlen der Armuth in den Vorstädten von Berlin oder im Voigtlande durchwandern, oder wenn ihm dies zu beschwerlich sein sollte, den Anhang von Bettina's „dies Buch gehört dem Könige" durchlesen. Ja, folgende Schilderung, welche Schneer von den Lebensverhältnissen eines Theils der Schlesischen Weber entwirft, geht vielleicht noch über die vorige hinaus. „Seit sieben und mehr Jahren," schreibt dieser, „haben sich die Unglücklichen nicht mehr irgend ein Kleidungsstück beschaffen können; ihre Bedeckung besteht aus Lumpen, ihre Wohnungen verfallen, da sie die Kosten der Herstellung nicht aufbringen können; die mißrathenen Erndten der Kartoffeln, namentlich in den beiden letzten Jahren, haben sie auf die billigen wilden oder Viehkartoffeln und auf das Schwarz= oder Viehmehl zur Nahrung angewiesen; Fleisch kommt nur bei Einigen zu Ostern,

Pfingsten und Weihnachten ins Haus, und dann für eine Familie von fünf bis sechs Personen ein halbes Pfund! Schenkt der Bauer ihnen ein Quart Buttermilch oder tauschen sie es für die Kartoffelschaalen bei ihm nach langem Aufsammeln ein, so ist das ein Festtag. Wenn es zuweilen zu etwas Butter noch ausreicht, so zehrt die ganze Familie an einem Viertel Pfund die Woche. Den Kirchenrock haben viele schon lange verkauft oder versetzt; sie schämen sich in ihren Lumpen zur Kirche zu gehen, und so entbehren sie auch noch des geistigen Trostes bei diesem Elend. Im letzten Winter hat man von wirklicher Hungersnoth unter diesen Armen sprechen hören können; so sagte mir der 67 Jahr alte Weber Anton Berner, wohnhaft Nr. 107 in Schömberg mit Freudenthränen in den Augen: er hätte bei der mangelnden Arbeit das Glück gehabt, daß in der Nähe zwei Pferde crepirt wären, deren Fleisch ihn, sein Weib Antonie und seine drei Kinder eine Zeit lang erhalten. — Daß die Weber dazu getrieben wurden, von der Schlichte — sauer und stinkig riechender Stärke — sich zu ernähren, war nach unzweifelhaften Zeugnissen eine nicht seltene Erscheinung. Aus einem wahrheitsliebenden Munde hörte ich von einer Familie, welche sechs Jahre verheirathet, nach mehrtägigem Hunger das Stück Brod hervorsuchte, welches sie, dem abergläubischen Gebrauche folgend, bei ihrer Verheirathung im Hause versteckt, damit es ihnen nie an Brod fehle. — Kinder von sieben und acht Jahren, nicht blos in Betten nackt liegend, sondern auch in den Stuben da sitzend, ohne selbst nur mit Lumpen bedeckt zu sein, habe ich besonders in Hermsdorf, Grußmuisch und auch sonst im Landeshuter Kreise bis zur Unzahl gefunden."

Schon aus dieser Anführung dürfte hervorgehen, daß theilweise auch bei uns die Existenzmittel der sogenannten arbeitenden Klassen auf das Minimum reducirt sind, und daß also

in materieller Hinsicht dieser, gleichviel wie große Theil, nicht
besser baran ist, als seine Leidensgefährten in Frankreich und
England. Auf ein ähnliches Verhältniß würde sich in sittli=
cher Hinsicht schließen lassen. Denn wenn englische und
französische Schriftsteller darin übereinstimmen, uns die sitt=
lichen Zustände dieser Klasse größtentheils als nicht sehr vor=
theilhaft zu schildern, so werden doch ihre beredtesten Schil=
berungen gewiß durch folgende kurze Notiz Schneers über=
boten: „Die Noth, sagte mir der Verwalter der Ortspolizei
in einem Gebirgsdorfe, hat die Unglücklichen nur deshalb
nicht zu allerlei Verbrechen getrieben, weil die lange Ge=
wohnheit des Elends sie körperlich und moralisch beprimirt
hat und es ihnen bereits an der zum Verbrechen nöthigen
Thatkraft fehlt.‟

Diese Zustände waren die Frucht einer langsamen
Entwickelung und längst vorhanden gewesen, aber gleichsam
nur als ein wenigen Eingeweihten bekanntes Mysterium,
das erst aufgedeckt werden mußte. Kaum war aber das
Dasein eines so furchtbaren Zustandes zur öffentlichen Kennt=
niß gekommen, als auch die Gesellschaft sich nicht blos zum
Mitleiden angeregt fühlte, sondern sich auch zur Bekämpfung
eines so plötzlich auftauchenden Feindes vereinigte. Die
Noth der arbeitenden Klassen ging wie eine allgemeine Pa=
role durch das ganze Land, und es bedurfte nur der Ka=
binets=Ordre vom 25. Oktober 1844, um überall den Im=
puls zur Stiftung von Vereinen für das Wohl der arbei=
tenden Klassen zu geben.

Wenn wir es nun unternehmen, die Aufgabe dieser
Vereine, von einem Gesichtspunkte aus zu beleuchten, der
von den vorherrschenden Ansichten abweicht, so dürfen
wir wohl hoffen, unsre Absolution in der Wichtigkeit
der Sache zu finden, und zwar um so mehr als unsere

Anſicht ohne alle propagandiſtiſchen Prätenſionen auftritt und ſich gern beſcheidet, nur ein ganz vereinzeltes Votum zu ſein.

Die Wichtigkeit der Thatſache ſcheint es auch zu erfordern, daß alle Fragen aufgeworfen werden, alſo auch die von den Vereinen ſtillſchweigend angenommene Vorausſetzung, daß die Mittel und Kräfte der Vereine der von ihnen übernommenen Aufgabe gewachſen ſeien. Uns erſcheint es als ungeheurer Leichtſinn, daß der Verein dieſe Frage ganz umgangen hat, daß er nicht, ehe er ſich zur That vereinigte, Muſterung über ſeine materiellen und geiſtigen Kräfte gehalten hat. Wenn man zur Bekämpfung eines Feindes auszieht, der im Vereine ſelbſt als ein „Rieſe" bezeichnet worden iſt, ſo muß man doch, ehe man ihm den Krieg erklärt, unterſuchen, ob die gegen ihn aufzubietenden Streitkräfte einen erfolgreichen Ausgang des Kampfes als möglich erſcheinen laſſen. Die materiellen Mittel entſcheiden freilich nicht allein, aber wenn dieſe nicht ganz zureichen, ſo muß doch das Defizit durch geiſtigen Aufwand, alſo durch ernſten Willen, durch Begeiſterung, durch Aufopferungsfähigkeit gedeckt werden können. Sind dieſe Erforderniſſe nicht vorhanden, ſo unterläßt man lieber den Kampf und ſucht ſich mit dem Feinde abzufinden.

Um dieſe Frage beantworten zu können, müſſen wir uns freilich den Feind wenigſtens anſehen, wir müſſen wiſſen, welchen Urſachen er ſeine Macht verdankt und worin ſeine Bedeutung beſteht.

Doch da höre ich ſchon einen Thatluſtigen ungeduldig ausrufen: O, über die leidige Natur des Norddeutſchen, der vor Unterſuchen nie zur That kommen kann! Sind wir denn nicht hundertweiſe hier verſammelt, ſind wir nicht Alle kluge Leute und haben wir nicht Alle den beſten Willen? **Periculum in mora!** Alſo zur That! Quälen wir uns nicht lange mit Untersuchungen über das Wie; sondern stellen wir frischweg eine That an die Spitze! Eine That!

Ja wohl, wenn nur die Thaten so leicht wären, und wenn sich so in Abstrakto und ohne Weiteres thaten ließe! Wenn nicht gerade bei einer Sache, wo jedes falsche Experiment von den unberechenbarsten Folgen sein würde, blindes Hineinrasen das Allergefährlichste wäre, wenn nicht gerade bei der praktischen Behandlung eines Problems, das noch nicht einmal theoretisch gelöset ist, Besonnenheit und Ueberlegung das Allernothwendigste wären!

Wir lassen uns also nicht abhalten, das Problem selbst in möglichster Kürze zu betrachten. Um dasselbe aber rein zu erhalten, müssen wir es zunächst streng von verwandten Erscheinungen abscheiden, namentlich von der Armuth. Das Wesen des Armen besteht in dem Nichtarbeitenkönnen oder Nichtarbeitenwollen, während der Proletarier die Fähigkeit und den Willen zur Arbeit hat, aber keine Gelegenheit findet oder nicht die Mittel hat, seine Fähigkeit und seinen Willen geltend zu machen. So erhalten wir eine ganz eigenthümliche Erscheinung. Nun hat es zwar immer Klassen gegeben, deren Existenz auf das Mitleid der Gesellschaft begründet war, oder solche, deren Arbeit schlecht bezahlt wurde oder unfrei war, und das Letztere war namentlich das Schicksal des Bauernstandes bis auf die neueste Zeit herab. Aber daß die Arbeitsfähigkeit und die Arbeitslust sich gar nicht verwerthen ließen, also das Vorhandensein von Arbeitskräften, von denen die Gesellschaft keinen Gebrauch machen kann, war eine früher unbekannte Erscheinung. Wir müssen den Ursprung derselben auf die Revolution und auf die durch diese zur Geltung gekommene Theorie der freien Concurrenz zurückführen. Die Revolution sprengte die Schranken, welche die einzelnen Stände von einander trennten und hob die Privilegien auf, welche das abgeschlossene Bestehen

der einzelnen Gewerbe sicherten. Während früher ein Jeder
nur in einem bestimmten, fest abgegränzten Kreise, über den
er nicht hinausgehen konnte, der ihn aber auch gegen jedes
Eindringen fremder Elemente schützte, seine Thätigkeit hatte
äußern können, eröffnete sich derselben jetzt ein unbegränztes,
unendliches Gebiet. Ein Jeder kann Alles unternehmen —
natürlich wenn er die materiellen und geistigen Mittel dazu
hat — wurde jetzt Wahlspruch. Und derselbe hatte eine
Entfesselung der früher gebannten Kräfte, eine ungeheure
Zunahme der Betriebsamkeit, einen großartigen Aufschwung
der Industrie zur Folge. Fähigkeiten, welche früher nutzlos
verkümmert waren, fanden jetzt einen natürlichen und wei-
ten Spielraum, Kapitalien, die unthätig gewesen waren,
kamen durch die Bewegung der Industrie in rasche Circulation, Arbeitskräfte, welche sich dem Ackerbau gewidmet
hatten, wurden durch die Aussicht auf lohnendere Beschäftigung von der Industrie angezogen. Mit einem Worte die
Erstarrung und Abgeschlossenheit wurde durch das Prinzip
der freien Concurrenz aufgelöst. Aber das war nur die
eine Seite und die ungeheure Bewegung setzte bald einen
sehr trüben Bodensatz ab. Die Losung hieß freilich freie
Concurrenz, und die Bahn des industriellen Wettkampfes
war für Alle eröffnet. Aber war denn wirklich die Concurrenz ganz frei, und konnten denn wirklich Alle an dem
großen Wettrennen Theil nehmen? Um concurriren zu
können, war doch erforderlich, daß man das Mittel dazu
hatte, und das Mittel war doch nothwendigerweise das
Kapital. Wer dieses nicht hatte oder es nicht herbeischaffen
konnte, war ausgeschlossen und die freie Concurrenz war
demnach doch beschränkt. Die Wahrheit des Princips der
freien Concurrenz ist also die Herrschaft des Kapitals, und
der Stand der Industrie scheidet sich in Troß und Ritter.
Jener ist stummer, wenn auch nicht unbetheiligter Zuschauer,

aber unter diesen tobt der Kampf mit furchtbarer Wuth. Der Wettkampf wird zum Kirchthurmsrennen; Jeder sucht seinem Mitbewerber den Rang abzulaufen und in gerader Linie das ersehnte Ziel zu erreichen. Dieses Ziel ließ sich aber nur durch Wohlfeilheit erreichen und diese wiederum nur durch Herabsetzung der Produktionskosten herstellen. Also wird das Arbeitslohn stufenweise herabgesetzt oder die Zahl der Arbeiter vermindert, denn die Vervollkommnung der Maschinen gewährt die Mittel, dasselbe Resultat mit einem weit geringeren Aufwande menschlicher Kräfte zu erreichen. So läßt der verwüstende Kampf eine Menge Invaliden zurück. Ihre Zahl wird durch andere Umstände noch bedeutend vermehrt. Zunächst dadurch, daß der gewaltige Anstoß eine Menge Industriezweige hervorruft, welche nicht durch naturgemäße Entwickelung, sondern unter dem Einflusse besonderer Umstände und Begünstigungen entstanden sind und nur durch deren Aufrechterhaltung ihr Leben fristen können. Voraussetzung für ihr Bestehen ist, daß die Conjuncturen dieselben bleiben oder daß der Schutz, denen ihnen die Regierungen bewilligt haben, ihnen erhalten oder gar verstärkt werde. Dadurch entsteht die Alternative, daß die Masse der Consumenten das für sie gleichgültige Bestehen einiger Producenten mit einem Tribut erkaufen müssen, oder daß die künstlichen Fabrikzweige eingehen und daß die bei denselben beschäftigten Arbeiter ihr Brod verlieren. Für die letztern ist dies in der Regel ein unersetzlicher Verlust, da die Einseitigkeit der Beschäftigung eine Fähigkeit oder Geschicklichkeit auf Kosten aller andern ausbildet und ihnen nicht leicht den Uebergang von einer Beschäftigung zur andern gestattet. Ferner beschränkt sich die Concurrenz, dieser Krieg Aller gegen Alle, nicht blos auf die Gränzen eines Landes, sondern die einzelnen Länder concurriren mit einander und hiebei treten dieselben Bedingungen wie beim

Kampfe der Einzelnen ein. Die Fabrikation gilt für eine Bedingung der Wohlfahrt der Länder; man sucht sie also möglichst auszudehnen, fremde Fabrikate aus dem eignen Lande zu verdrängen und mit dem eignen Fabrikate fremde Märkte zu erobern. Aber auch in diesem Kampfe der Nationen gegen einander wird diejenige den Sieg davon tragen, welcher die größten Kapitalien zu Gebote stehen, und wenn der schwächere Gegner dennoch den Kampf nicht aufgiebt, so wird er ihn nur durch die gewaltsamsten Mittel und zum Schaden der Gesammtheit fortführen können.

Dieß ist der Gang der Entwickelung des Princips, welche sich in Frankreich am reinsten und vollständigsten durchgesetzt hat, denn hier ist die industrielle Macht auch zur politischen Herrschaft gelangt. Vor der Revolution waren es achtzigtausend adelige Familien in Frankreich, welche den größten Theil der ländlichen Bevölkerung außer der Abhängigkeit, in der dieser von der Krone stand, noch einer zweiten Abhängigkeit unterwarfen, welche demselben, außer den Leistungen, zu denen er gegen die Krone verpflichtet war, noch besondere Leistungen auferlegten, welche mit einem Worte eine Zwischenmacht zwischen der Staatsmacht und einem großen Theile der Bevölkerung bildeten und letztere brandschatzten und in Unfreiheit erhielten. Die Revolution vernichtete den privilegirten Grundbesitz, befreite die ländliche Bevölkerung und brachte durch Einziehung der Güter der Geistlichkeit und der Emigranten eine ungeheure Masse von Land in die Circulation. Aber die Revolution brach auch nur die Macht des Adels, um ein neues Privilegium, das Privilegium des Vermögens, an dessen Stelle zu setzen. Und dieses lastet mit furchtbarer, erdrückender Schwere auf dem Lande. Jetzt sind es 200,000 begüterte Familien, in deren Händen die Herrschaft concentrirt ist. Diese machen die Gesetze, berathen das Budget, bestimmen die Vertheilung der Abgaben, verfügen also über die Kräfte des Landes, und die Erfahrung zeigt, daß sie das gerade nicht zu ihrem eigenen Nachtheile thun. Es ist in Frankreich dahin gekommen, daß keine Maaßregel von allgemeinem Interesse mehr durchgesetzt werden kann, wenn sie mit dem Interesse der großen Fabrikanten und Kapitalisten collidirt. Diesen zu Liebe muß die große Masse der Bevölkerung, welche in den Kammern keine Vertretung hat, nicht nur ungeheure Steuern an den Staat bezahlen, deren Verwendung weniger ihr als den Herrschenden zu Gute kömmt, sondern sie wird auch von demselben noch mit einer außerordentlichen Steuer belegt, welche für die Erhaltung der künstlichen Industriezweige nöthig ist. Die Deputirten sind Besitzer von Minen, Eisenhämmern ꝛc., und da diese keine Konkurrenz mit dem Auslande ertragen können, so müssen die Erzeugnisse desselben durch furchtbare Schutz= oder Prohibitivzölle abgehalten werden, und der Landbauer, der seinen Pflug jetzt um so theurer bezahlen muß, mag sich damit trösten, daß er französisches Eisen verbraucht; die Deputirten sind große Landbesitzer und Viehzüchter: sie müssen also ihre Produkte so hoch wie möglich zu verwerthen suchen, und wenn durch die von ihnen auf die Vieheinfuhr gelegten furchtbaren Zölle das Fleisch auch ungemessen vertheuert wird, so kann sich ja auch hier wiederum der Arme für den seltenern Genuß damit trösten, daß er nur das Fleisch von französischen Ochsen ißt.

Frankreich bildet in dieser Beziehung allerdings das Extrem, aber wir würden die Erscheinung, mit der wir es zu thun haben, verkennen, wenn wir sie nur isolirt und beschränkt auf sich fassen wollten. Ueberall, wo ein neues Prinzip mächtig hervortritt, bringt es auch in alle Lebensgebiete ein, ergreift alle Umstände und macht sie es sich dienstbar. Ueberall, wo die von uns besprochene Erscheinung hervorgetreten ist, hat auch die Gesetzgebung zu ihrer

Ausbildung mitgewirkt, nicht bewußt und absichtlich, sondern weil sie die Consequenzen des Prinzips noch nicht überschauen konnte. Namentlich kommt hiebei der Einfluß der Steuern in Betracht. Die durch die Umstände gebotene und durch die geschichtliche Entwickelung nothwendig bedingte Vermehrung der Staatsbedürfnisse hat dazu geführt, daß alle Staaten die indirekten Steuern als die Hauptquellen ihrer Einnahmen betrachtet haben. Wir erkennen auch hiebei an, daß dies das einzige Mittel war, die für die Staatsbedürfnisse erforderlichen Summen zusammenzubringen. Da die direkten Steuern in größeren Quoten gezahlt werden müssen, so würden sie von einem großen Theile der ärmern Bevölkerung gar nicht oder nur unvollständig einzuziehen gewesen sein, und sie würden nie einen so hohen Betrag ergeben haben, wie die indirekten Steuern, denen sich Niemand entziehen kann. Allein wenn die letztern für den Staat von großem Vortheil sind, so haben sie doch den Nachtheil, daß sie jeden, auch den Aermsten treffen und daß sie die Lebensbedürfnisse nicht nur um den Betrag der Steuer, sondern auch um den Betrag der Rente erhöhn, welche der Verkäufer von dem für die Steuerbezahlung ausgelegten Kapitale beziehn muß So ist es in allen Staaten dahin gekommen, daß nach dem einstimmigen Zeugniß aller Stats= und Finanzmänner der bei weitem größte Theil der Staatslasten von dem ärmern Theile der Bevölkerung getragen wird.

Wenden wir uns nun zu Preußen, so ist es bekannt, daß das Princip der freien Konkurrenz auch hier seit länger als 30 Jahren zur Anerkennung gekommen. Das Edikt vom 2. November 1810 wegen Einführung einer allgemeinen Gewerbsteuer im preußischen Staate stellte den neuen Grundsatz auf, daß die Berechtigung zum Betriebe jedes Gewerbes nur allein durch Lösung eines Gewerbscheins von der Regierung erlangt werden könne. Dieser Gewerbschein

gab seinem Inhaber das Recht, das darin benannte Gewerbe während des Kalenderjahres, wofür er ausgestellt
war, im ganzen Umfange des Staats zu betreiben, ohne
daß Jemandem ein Widerspruchsrecht dagegen gestattet gewesen wäre, oder ohne daß Ansprüche auf Entschädigung
wegen bisher bestandener ausschließlicher Gewerbsberechti-
gungen gegen den Inhaber eines Gewerbscheines hätten geltend gemacht werden können. Hieburch wurden alle durch
zünftiges Meisterrecht, besondere Bewilligungen, persönliche
und dingliche Privilegien erworbenen Berechtigungen zum
Gewerbbetriebe wesentlich für ungültig erklärt und nicht
nur der Gewerbsbetrieb einzig und allein von der Lösung
eines Gewerbscheins abhängig gemacht, sondern auch mit
Ausnahme weniger genau bestimmter Fälle jedem selbst-
ständigen und unbescholtenen Einwohner des Staats der
gesuchte Gewerbschein ertheilt, ohne nach irgend einer andern
Begründung seines Gesuchs zu fragen. Durch das Gesetz
wegen Entrichtung einer Gewerbsteuer vom 30. Mai 1820
sollte hierin eine Aenderung eintreten; dasselbe verpflichtete
Jeden, der ein neues Gewerbe anfangen oder das betriebene
aufgeben wollte, dem Vorstande der Ortsgemeinde davon An-
zeige zu machen. Die Frage, ob der beabsichtigte Gewerb-
betrieb zulässig sei, sollte nur nach der bestehenden Gewerbs-
verfassung beurtheilt werden und die Bezahlung der Gewerbsteuer allein noch kein Recht auf Betreibung des Gewerbes
geben. Die Vorsteher der Gemeinden und der Ortsobrig-
keiten überhaupt bedurften daher jetzt neben dem neuen
Gewerbsteuergesetz auch polizeilicher Vorschriften über die
Berechtigung zum Gewerbbetriebe, da die bestehenden unzureichend waren. Diesem Mangel konnte nur durch ein all-
gemeines Gewerbepolizeigesetz abgeholfen werden, welches
indeß 25 Jahre auf sich warten ließ.

Gewiß fanden diejenigen, die vor 35 Jahren an der

Spitze des Staates standen, in der Lage desselben so wie in den vorhandenen Gewerbverhältnissen, hinlängliche Veranlassung, eine Reaktion gegen einen Zustand zu unternehmen, der alle seine Voraussetzungen verloren hatte und der sich ohne den größten Nachtheil für das Allgemeine nicht länger halten ließ. Die Zünfte und Corporationen hatten alle Lebenskraft verloren und ihre Abgeschlossenheit begünstigte nur das verjährte Vorurtheil und den Schlendrian. Durch die Aufhebung der gewerblichen Beschränkungen wurde die Erstarrung gebrochen und die vorhandenen Kräfte durch raschere Bewegung vervielfältigt; die Gewerbe und die Industrie nahmen einen unerwarteten Aufschwung, und die industrielle Thätigkeit und Geschicklichkeit steigerte sich durch den jetzt entstehenden Wettkampf. Einzelne Interessen waren durch die Neuerung verletzt worden, das Ganze hatte durch sie gewonnen.

Wir verkennen diese Folge der Gewerbefreiheit nicht, aber wir verkennen auch nicht, daß die Entfesselung der Kräfte und der Wettkampf zur Ueberproduktion und zum Eindringen der Fabrikation in die Handwerke führten. Das Zuströmen der Kapitalien und der durch die freie Konkurrenz geweckte Unternehmungsgeist führten zu Unternehmungen, die keine natürliche Grundlage hatten oder denen es an hinlänglichen Mitteln fehlte und die also im Kampfe mit dem größern Kapitale unterliegen mußten. Viele Fabrikationszweige gingen nach vorübergehender Blüthe wieder ein oder mußten doch ihre Ausdehnung beschränken. Arbeiter, die anfangs Beschäftigung und zureichendes Auskommen gefunden hatten, wurden brodlos. Dasselbe Resultat hatte die Vervollkommnung der Maschinen. Und auch die in Arbeit verbleibenden Arbeiter traf größtentheils eine Herabsetzung des Lohns. Nicht minder machte sich das Uebergewicht des Kapitals in den Handwerken geltend; der kleine Handwerker, der nicht

die nöthigen Mittel besaß, um sein Handwerk fabrikmäßig
zu betreiben und die Konkurrenz auszuhalten, unterlag; die
Selbstständigkeit, welche er durch die Gewerbefreiheit hatte
erhalten sollen, erwies sich als eine illusorische und verwan-
delte sich für ihn in eine neue Abhängigkeit. .

Es liegt nicht im Plane dieser Andeutungen, den durch
die Gewerbefreiheit herbeigeführten Umschwung der gewerblichen und industriellen Verhältnisse und die auf die vorüberge-
hende Blüthe folgende Abnahme durch weitläuftige Beläge
darzuthun; aber wir wollen wenigstens ein Beispiel anführen, welches statt vieler dienen wird. Im Anfange der
zwanziger Jahre stand die Kattundruckerei in großer Blüthe
und gewährte den dabei beschäftigten Arbeitern reichlichen
Unterhalt. In den Jahren 1822 und 1823 wurden für
ein Stück in drei Farben, welches jetzt mit 15 Sgr. bezahlt wird, 1 Rthlr. 12 Sgr. bezahlt; für ein Tuch von
1¼ Ellen, für welches der Druckerlohn jetzt 1¼ Pf. beträgt,
4 Pf. Ein guter Drucker, der jetzt höchstens 5 Thlr.
wöchentlich verdient, konnte damals sein Wochenlohn auf
18 bis 20 Thlr. bringen. Seitdem ist ein großer Umschwung
eingetreten, und die Folgen der Konkurrenz haben sich in
furchtbarer Weise geltend gemacht. Ein großer Theil der
Druckereien, namentlich der kleinern, ist eingegangen und die
Lage der Drucker hat sich sehr verschlechtert. Ein großer
Theil der Arbeit wird jetzt durch Frauen und Mädchen, die
nur halben Lohn erhalten, und durch Burschen verrichtet.
Die furchtbarste Wirkung haben aber die Maschinen geäu-
ßert; während ein Drucker nicht über vier Stück in einer
Farbe täglich fertigt, druckt die Maschine täglich 300 Stück
in einer Farbe. Der Kattundrucker, der mir diese Notizen
mitgetheilt hat, antwortete mir auf meine Frage, was aus
den außer Beschäftigung gesetzten Druckern geworden sei:
Ein Theil befindet sich im Ochsenkopfe, ein anderer rammt

und die übrigen haben sich zu helfen gesucht, so gut sie konnten.

Hat nun auch in Preußen die Industrie und die Fabrikation eine große Ausdehnung gewonnen, so ist sie doch hier nicht zur politischen Geltung gelangt wie in Frankreich. Leitender Gedanke bei der Regulirung der Eingangssteuern in Preußen ist die Erhöhung der Staatseinnahmen gewesen, durch welche zugleich die Beschützung der einheimischen Industrie gegen die Konkurrenz des Auslandes bewirkt werden sollte. Indeß sollte doch dieser Schutz nicht so weit gehn wie z. B. in Frankreich und in keinem Falle durch seine Höhe die Konkurrenz des Auslandes ganz ausschließen. Nun hat es zwar auch bei uns nicht an zahlreichen Stimmen gefehlt, welche die Erhöhung der Schutzzölle gefordert haben, namentlich ist die Regierung von Süddeutschland aus mit solchen Gesuchen bestürmt worden, aber wir müssen es rühmend anerkennen, daß die Regierung gegen solche einseitige und egoistische Forderungen in der Regel ihr Prinzip standhaft und consequent aufrecht erhalten hat. Wenn die Noth der arbeitenden Klassen bei uns noch nicht die Ausdehnung erlangt hat, wie in Frankreich und England, so glauben wir, ist es vorzüglich dieser Standhaftigkeit der Regierung zuzuschreiben.

Dagegen hat sich die Regierung nicht von dem Schicksale der andern Staaten frei erhalten können, einen großen Theil der Abgaben auf die ärmern Klassen zu legen, obschon sie auch hierin wiederum mit mehr Schonung zu Werke gegangen ist als z. B. die Gesetzgebung in Frankreich. Es liegt nicht in unserm Plane, die Gründe und die Nothwendigkeit einer solchen Anordnung zu erörtern; wir wollen nur die Thatsache constatiren. Diese wird aber von allen preußischen Finanzmännern anerkannt. Hören wir z. B. Hoffmann (die Lehre von den Steuern.) Dieser geht von

der Annahme aus, daß bei einem Staatsbedarf von **70 Mil-**
lionen Thlr. und bei einer Bevölkerung von **14 Millionen**
auf den Kopf jährlich **5 Thlr.** oder täglich **5 Pf.** kommen,
wonach in großen Städten und lebhaften Handelsplätzen,
wo die Familie eines Tagelöhners bei voller Arbeit wohl
4 Thlr. wöchentlich gewinne, von einer solchen Familie,
wenn sie zu fünf Personen angenommen würde und wenn
gleiche Vertheilung der Abgaben nach der Kopfzahl statt-
fände, ein Achttheil ihres ganzen Erwerbes zu entrichten
sein würde. Die Einziehung eines Achttheils des ganzen
Erwerbes von solchen Familien erklärt Hoffmann für eine
Unmöglichkeit, aber er fügt dann hinzu: „die Verzehrung
einer solchen Familie, die harte körperliche Arbeit verrichtet,
ist wirklich so hoch besteuert, daß sie wenigstens mehr als
die Hälfte der vorerwähnten Forderung an Verbrauchs-
steuern entrichtet." Ferner sagt derselbe (S. 17.): „Was
schon bei dem ansehnlichen Erwerbe der Arbeiterfamilie in
reichen Städten unmöglich erscheint, wird es noch viel mehr
in den ärmlichen Verhältnissen des bei weitem größten Theils
der Bewohner minder gewerbthätiger Ortschaften. Verge-
bens würden alle Versuche bleiben, durch hohe Belastung
der Reichen hinlänglichen Ersatz für die geringe Beitrags-
fähigkeit der großen Massen des Volkes zu gewinnen. —
Erheblich niedrigere Belastungen der untersten Klassen erzeugen, wegen der zahlreichen dazu gehörenden Familien, einen
Ausfall, den die höhere Besteuerung der obern Klassen nicht
zu decken vermag." Sodann S. 83: „die gewählteren Ge-
nüsse werden so wenig gebraucht, daß der Ertrag einer hö-
hern Besteurung derselben, weder die Steuerbehörde belohnt,
noch den Gewerbtreibenden die Belästigung vergütet, welche
deren Erhebung verursachen würde."

Sehr klar ergiebt sich dies Resultat aus einer Betrach-
tung der Vertheilung der Klassensteuer auf die verschiedenen

Klaffen. Unter den vier Hauptklaffen, in welche die Klaffen=
steuerpflichtigen zerfallen, kommen von 100,000 Thlr. durch=
schnittlich in den Jahren

	1821—26.	1827—32.	1833—38.
auf die 1. Klaffe	3622	3642	3541
= = 2. =	16838	16247	16153
= = 3. =	36229	34865	33737
= = 4. =	43311	45819	46569
	100000	100000	100000

Hieraus ergiebt sich, daß die letzte Hauptklaffe, un=
geachtet der sehr niedrigen Sätze von nur $\frac{1}{4}$, $\frac{1}{6}$, $\frac{1}{8}$ bis $\frac{1}{12}$ Thlr.
für die Haushaltung, doch neun Zwanzigtheile, also nicht
viel weniger als die Hälfte der ganzen Steuer aufbringt,
wogegen die erste Hauptklaffe, ohngeachtet der hohen Sätze
von 12, 8, und 4 Thalern, doch nur sehr wenig über ein
Achtundzwanzigtheil der ganzen Steuer, oder etwa nur zwei
Fünfundzwanzigtheile desjenigen entrichtet, was allein von
der vierten Hauptklaffe erhoben wird. (Hoffmann S. 175
und 176).

Hinsichtlich der Schlacht= und Mahlsteuer ist kaum noch
zu bezweifeln, daß sie dasselbe Verhältniß in den ihr unter=
worfenen Städten herbeiführt, wie die Klaffensteuer in den
kleinern Städten und auf dem flachen Lande. In dieser
Beziehung können wir auf den Aufsatz von Krebs in Nro. 296,
297 und 298 der Spenerschen Zeitung verweisen und wollen
nur einige Aeußerungen aus demselben anführen. „Die Mahl=
und Schlachtsteuer entspricht nicht dem in der Allerhöchsten
K. O. vom 31. Juli ausgesprochenen Grundsatze: „daß
alle Lasten im ganzen Lande mit gleichen Schul=
tern getragen werden sollen." Dem reichen Manne
stehn rücksichtlich der Konsumtion so manche Surrogate zu
Gebote, von welchen aber die Kommune keinen Genuß hat.

Er wohnt auch wohl drei bis vier Monate im Auslande, während die ärmern und gewerbtreibenden Einwohner mit ihren Gesellen und Lehrlingen zum größten Theile die Konsumtionssteuer aufbringen müssen." Krebs hält sogar, und wohl mit Recht, die Mahl= und Schlachtsteuer für ungleich drückender als die Klassensteuer. „Es muß bestritten werden, daß bei einer Besteuerung durch Klassensteuer und durch Mahl= und Schlachtsteuer gleiche Grundsätze stattfinden. Die erstere nimmt darauf Rücksicht, ob der Steuerpflichtige arm oder reich ist, die letztere nicht."

Bis zu welcher Höhe sich die Abgaben für den Einzelnen im Verhältniß zu seiner Einnahme steigern können, beweist Schneer, obwohl wir die folgenden von ihm angeführten Beispiele nicht für durchgehende Regel halten mögen. Nach Schneer nimmt der Häusler Gottlieb Lachmann in Mittel=Langenöls durch die Weberei seiner Tochter täglich 1 Sgr., also jährlich 12 Thlr. 5 Sgr. ein; davon hat er an direkten Abgaben zu entrichten; an das Dominium 4 Thlr. 8 Sgr., und an Haussteuer nomatlich 2 Sgr. und außerdem noch 6 Handdiensttage. — Der Häusler Gottlieb Lachmann in Friedersdorf verdient mit seiner Frau und seiner Tochter zusammen 2 Sgr. 6 Pf., davon hat er zu zahlen: 6 Sgr. jährliche Gemeindeabgaben, 2 Sgr. monatlich Haussteuer und 3 Thlr. Grundzins an die Herrschaft, also 4 Thlr. 6 Sgr. an direkten Steuern auf eine Einnahme von 30 Thlrn. — Der Häusler David Fremmelt verdient durch seine Frau 1 Sgr. 6 Pf. täglich; er selbst arbeitet im Sommer auf dem Acker und verdient wöchentlich 1 Thlr. Nehmen wir nun an, daß er diesen Verdienst drei Viertheile des Jahres habe, so würden die Gesammteinnahmen der Familie, die aus 9 Kindern besteht, jährlich höchstens 52 Thlr. betragen. Davon hat sie bloß an direkten Abgaben zu entrichten: grundherrliche Abgaben 4 Thlr., Haussteuer 1 Thlr.

Wir sehen hieraus, daß auch niedrige Steuern bei geringen Einnahmen sehr drückend werden können, und daß Hoffmanns Annahme, wonach von ärmern Familien nicht der achte Theil ihrer Einnahmen an Abgaben eingefordert werden könne, sich nicht in allen Fällen bewährt.

II.

Das Resultat der vorangegangenen Betrachtungen ist gewesen, daß das Princip der freien Konkurrenz, überall, wo es zur Geltung gekommen ist, nothwendiger Weise zur Ueberproduktion, d. h. zu einem Ueberschusse der Produktion über die Konsumtion geführt hat. Die Steigerung der Produktion hat wieder eine Vervollkommenung der Fabrikationsmethoden zur Folge gehabt. Indem die Fabrikation über ihr natürliches Maaß hinausgegangen ist, hat sie in consequenter Rückwirkung eine Menge Arbeitskräfte, die sie anfangs angezogen hatte, wieder außer Thätigkeit gesetzt. Die Fabrikation ist aber auch in die Gewerbe eingedrungen und hat auch auf diesem Gebiete die Uebermacht des Kapitals sanctionirt, welcher der kleinere Handwerker, der sein Geschäft nicht fabrikmäßig betreiben kann, hat unterliegen müssen. Wenn wir schon früher die großen Industriellen Ritter genannt haben, so können wir noch hinzufügen, daß durch das Princip der freien Konkurrenz eine neue Art der Feudalität entstanden ist; es sind jetzt mehr Arbeitskräfte und Arbeitsuchende vorhanden als Arbeit, und die Arbeit ist dadurch ein Beneficium geworden, welches Abhängigkeit bedingt.

Den Beweis für die Richtigkeit des von uns aufgestellten Princips finden wir aber darin, daß die Noth der sogenannten arbeitenden Klassen sich nur auf diejenigen Länder

und Gegenden beschränkt, in denen die freie Konkurrenz
gewaltet hat und in denen die Fabrikation zu einer gewissen
Ausdehnung gekommen, während solche Länder und Gegen=
den, in denen dies nicht der Fall gewesen ist, namentlich
die Agrikulturstaaten, von diesem Uebel verschont geblieben
sind. Man mag vielleicht einwenden, daß in den letztern
die Arbeit unfrei gewesen oder unfrei geblieben ist, und wir
wollen gewiß nicht den Vorzug der Freiheit vor der Un=
freiheit verkennen, aber wir wollen doch auch nicht übersehn,
daß es mit dem Namen der Freiheit und der freien Arbeit
nicht allein schon gethan ist, und daß wo das Angebot
von Arbeit die Nachfrage nach derselben übersteigt, noth=
wendigerweise eine Abhängigkeit der Arbeitsuchenden eintre=
ten muß.

Aus dem Vorübergehenden ergiebt sich auch schon die
Gefährlichkeit dieses Zustandes für die Gesellschaft. Der
Arme, der Bettler sind nicht gefährlich, weil sie keine Kraft
haben; sie können von der Gesellschaft mit Almosen abge=
funden werden. Gefahr entsteht dagegen für die Gesell=
schaft, wenn sich Kräfte aufsammeln, die keinen natürlichen
Abfluß finden können; wird ihnen ein solcher nicht ver=
schafft, so müssen sie nach langer Stopfung überströmen;
finden sie keine Verwendung in der gesellschaftlichen Ord=
nung, so müssen sie sich gegen dieselbe kehren.

Wir sind der Ansicht, daß die Geschichte auch diesen
Conflict lösen wird; darin stimmen wir mit dem Vereine
überein; aber es fragt sich, ob jetzt schon die Zeit zu dieser
Lösung gekommen ist, ob die Entwickelung des Princips
schon so weit vorgeschritten ist, daß es in seinen Consequen=
zen zusammenbrechen muß, oder ob dieselbe noch nicht weit
genug gediehen ist, um noch zurückgedämmt werden zu kön=
nen. Der Verein muß sich zu einer von diesen beiden An=
sichten bekennen; er hat eine geschichtliche Mission über=

nommen, und wir fragen jetzt, ob die Mittel, über welche
er verfügt, ob die Kraft, die er aufzuwenden hat, zu seiner
Aufgabe ausreichen; wir fragen, ob überhaupt ein Verein
im Stande ist, die Noth der arbeitenden Klassen mit der
Wurzel auszurotten.

Halten wir nun die oben aufgestellte Alternative dem
Vereine entgegen, so wird er uns wohl selbst eingestehen,
daß er dieselbe weder auf die eine noch auf die andere
Weise lösen kann: der Gedanke, das Princip der Concur=
renz noch mehr zu beflügeln, die Spannung noch zu ver=
größern, und sie schnell bis zur äußersten Spitze zu treiben,
damit sie desto schneller gehoben werde, muß ihm natürlich
fremd bleiben; ebenso wenig kann es ihm einfallen, das
Princip in seiner furchtbaren Entwickelung aufhalten und
seinen Ungestüm mäßigen zu wollen. Das Letztere könnte
höchstens durch allgemeine Maaßregeln bewirkt werden und
könnte also auch nur That der Gesetzgebung sein. Aber
auch diese würde, wenn sie sich eine solche Aufgabe stellte,
nur mit großer Vorsicht zu Werke gehen können und der
Erfolg würde immer noch sehr fraglich bleiben. Nicht etwa
als ob es nicht in der Macht der Gesetzgebung stände das
Princip der freien Concurrenz zu beschränken; aber jeder
derartige Versuch würde, da er gegen ein festgewurzeltes
Princip gerichtet ist, neue Störungen und neue Revolutio=
nen herbeiführen. Und je durchgreifender ein solcher Ver=
such wäre, je mehr er sich der frühern Zunftverfassung an=
näherte, desto schrecklicher würde er wirken. Die Rückkehr
zu dem frühern Zustande kann keine Rettung mehr bringen,
da die Grundlagen desselben schon vor der Einführung der
Gewerbefreiheit wankend geworden waren und durch diese
vollends zerstört worden sind. Eine neue Abschließung würde
nur dazu führen, das Monopol in den Händen der großen
Kapitalisten zu befestigen und sie gegen neuen Andrang zu

schützen, ohne den kleinern Gewerbtreibenden eine Verbesse=
rung ihrer Lage zu verschaffen, da der Kreis bereits zu
weit ausgedehnt ist, um nicht innerhalb desselben noch eine
ungeheure Concurrenz zuzulassen und da die Fabrikation
schon zu sehr in die Gewerbe eingedrungen ist, um noch
verdrängt werden zu können. Beide Extreme, Gewerbefrei=
heit und Zunftverfassung sind furchtbar, und ein juste=
milieu würde wenig helfen.

Indeß haben wir wohl die Frage gegen den Verein
zu schroff gestellt. Er will allerdings radikal wirken, denn
während in der Kabinets=Ordre vom 25. Oktober 1844
nur von „dem Streben zur Abhülfe der geistigen und
leiblichen Noth der Hand= und Fabrikarbeiter sowohl durch
Errichtung von Spar= und Prämien=Kassen als durch Anle=
gung von Schulen und Verbreitung gemeinnütziger Kennt=
nisse" die Rede ist; während der Central-Verein sich nur die
Aufgabe gestellt hat, „durch die Kraft des moralischen Ein=
flusses und die zur Förderung desselben zu treffenden Ein=
richtungen den sittlichen und wirthschaftlichen Zustand der
arbeitenden Klassen allmählig zu heben," spricht das
Statut des Berliner Lokal=Vereins entschieden die Absicht
aus, „nicht sowohl das vorhandene Elend zu beschwichtigen
als das Entstehen der Noth zu verhüten."

Es ist also keinem Zweifel unterworfen, daß sich der
Berliner Lokal=Verein die Kraft zutraut, die Noth der ar=
beitenden Klassen mit der Wurzel ausrotten zu können; und
diese felsenfeste Ueberzeugung ist theils als unangefochtene
Voraussetzung durch alle Verhandlungen des Vereins hin=
durchgegangen, theils ist sie auch direkt und sehr nachdrück=
lich in denselben ausgesprochen worden.

Könnten wir Worte für baare Münze, Aufwallungen
eines guten Willens für Thaten halten, so würden uns aller=
dings die Verhandlungen schon jeden Zweifel benommen

haben. Da aber Zweifel nicht durch gutmüthiges Vertrauen
besiegt werden können, so stellen wir an den Verein die
Frage, wie er mehr das Entstehen der Noth verhüten, als
vorhandenes Elend beschwichtigen will?

Gegen das Princip der Gewerbefreiheit und der freien
Konkurrenz kann der Verein keinen Kampf eingehn; er kann
es weder stürzen noch aufhalten, das dürfen wir wohl als
ausgemacht annehmen. Er muß also die Voraussetzung
dieses Princips annehmen und unter diesen Voraussetzungen
wirken; er muß also die Ursachen, welche die Noth der arbeitenden Klassen veranlaßt haben, bestehn lassen und doch
die Wirkungen derselben aufheben. Wenn wir aber die Ursache der Noth richtig angegeben haben, so lag sie darin,
daß mehr Arbeitskräfte als Arbeit vorhanden sind. Wir
müssen also fragen: kann der Verein Arbeit, wenn sie nicht
vorhanden ist, schaffen, kann er Arbeit aus der Erde stam-
pfen? Arbeit würde immer die einzige Lösung bleiben, da
wir es hier nicht mit Armen zu thun haben; nicht Almosen,
sondern nur Arbeit können hier helfen. Wo will der Verein die Arbeit hernehmen? Kann er neue Märkte erobern?
Kann er die Konsumtion vergrößern, um die Arbeit erwei-
tern zu können? Kann er die Konjunkturen beherrschen,
welche einen blühenden Fabrikzweig lähmen?

Doch würde diese Forderung die Aufgabe des Vereins
nicht einmal erschöpfen. Es handelt sich allerdings theilweise um Arbeit überhaupt, aber es handelt sich noch mehr
um lohnende Arbeit. Die schlesischen Weber haben Arbeit,
die Weber der Wilhelmsstraße und vor dem Hamburger
Thore ebenfalls, und doch wird der Verein den letztern
schwerlich seinen Beistand entziehen wollen, denn der Ertrag
ihrer Arbeit ist fast für den dürftigsten und nothwendigsten
Unterhalt unzureichend. Und diese Unzureichendheit des Ar-
beitslohnes dehnt sich sehr weit aus. In einer der vorbe-

reitenden Sitzungen des Vereins las Herr Constant eine Aufzäh=
lung der verschiedenen Gewerbe und Beschäftigungen nebst An=
gabe des Arbeitslohns vor: auf dieser Liste waren die Angaben
über die Höhe des Arbeitslohns offenbar sehr übertrieben, und
trotzdem ergeben die letztern zum großen Theile einen so nie=
drigen Satz, daß er offenbar in vielen Fällen das Mini=
mum der Existenzmittel nicht erreichte. Wir fragen also,
hat der Verein die Mittel, das zu niedrige Arbeitslohn zu
erhöhen? Mit einzelnen Unterstützungen würde hier natür=
lich nichts gethan sein, denn dieselben würden nicht nur der
Tendenz des Vereins widersprechen, sondern auch gegen die
sich beständig erneuernde Unzureichendheit des Arbeitslohns
unwirksam bleiben. Eine dauernde und allgemeine Erhö=
hung des Arbeitslohns zu bewirken, übersteigt aber die Kräfte
des Einzelnen und auch die des Vereins.

Wie das Quantum der Arbeit durch das Bedürfniß
des Marktes bestimmt wird, so entscheidet das Angebot von
Arbeit und die Nachfrage nach derselben über die Höhe des
Arbeitslohns.

Wenn wir dieß Verhaltniß als richtig annehmen, so
müssen wir uns versucht fühlen, das Bestreben des Vereins
als eine gutmüthige Illusion zu bezeichnen. Allein man
würde uns, und vielleicht mit Recht, den Vorwurf machen
können, daß wir von einem zu starren allgemeinen Principe
ausgingen und das Bestreben des Vereins verurtheilten,
ohne die Mittel zu betrachten, die er in Bewegung setzen
will. Man würde uns vielleicht einwenden können, wir
hätten ganz übersehen, daß die Noth der arbeitenden Klassen
auch durch falsche Vertheilung der Kräfte, durch den über=
mäßigen Andrang zu einzelner Beschäftigung entstehn könne,
daß also die Noth der Arbeitenden nur Folge eines Miß=
verhältnisses sei, welches sich durch richtigere Vertheilung
ausgleichen lasse. Man würde uns ferner einwenden kön=

nen, wir hätten nicht bedacht, daß die Noth der arbeitenden
Klassen auch daraus entstehn könne, daß sie ihren Verdienst
nicht zu Rathe hielten, und in guten Zeiten nicht für die
Zeiten der Noth zurücklegten.

Wir haben also auch noch diese Ursachen der Noth
und die Mittel zu ihrer Abhülfe zu betrachten.

Nun wollen wir zwar keineswegs läugnen, daß beide
Ursachen mitwirkend sein können, aber sie werden doch im=
mer nur eine untergeordnete Bedeutung haben. Es kann
in einem Industriezweige Ueberfluß an Arbeitskräften, in
einem andern Mangel an denselben sein, aber der thatsäch=
liche Bestand gestattet nicht, dieß Mißverhältniß als ein durch=
gehendes und dauerndes anzunehmen. Sollte wirklich in
einem Industriezweige die Nachfrage nach Arbeit größer sein,
als das Angebot, so würde doch die dadurch bewirkte Stei=
gerung des Arbeitslohns bald eine Menge Kräfte anlocken,
und den augenblicklichen Mangel decken.

Ebenso verhält es sich mit dem Sparen. In einzelnen
Fällen mag allerdings der Mangel an Sparsamkeit die Noth
der arbeitenden Klassen veranlassen, aber als allgemeinen
Grund können wir denselben eben so wenig gelten lassen.
Wir wissen ja, daß in vielen Zweigen der Arbeitslohn so
tief herabgedrückt ist, daß Sparen als eine Unmöglichkeit an=
gesehn werden muß.

Wir wollen daher zwar zugestehn, daß die gegen diese
beiden Ursachen vorgeschlagenen Mittel, Arbeiterbörsen und
Sparkassen, zwar in einzelnen Fällen wirken können; wir
werden aber auch von ihnen keine durchgreifende Wirkung
erwarten können, weil sie nicht die wesentliche und noth=
wendige Ursache der Noth selbst treffen. Arbeiterbörsen
mögen wohl recht gut sein, aber sie können doch nur die
vorhandene Summe von Arbeit anders vertheilen, sie kön=
nen den Umsatz derselben erleichtern, aber sie können doch

keine neue Arbeit schaffen und den Ausfall an Arbeit, wenn
ein solcher vorhanden ist, decken. Auch Sparkassen mögen
ihren Nutzen haben, aber sie können doch nur da wirken,
wo der Arbeitslohn noch nicht das Minimum der Existenzmittel erreicht hat.

Arbeiterbörsen, Spar- und Prämienkassen, so wie Kran-
ken und Sterbeladen, Unterstützungs- und Pensionskassen
können also dem Einzelnen manche Erleichterungen und Ver-
besserungen seine Lage gewähren, allein sie treffen die Wurzel
der Noth nicht, und beruhen auf Voraussetzungen, welche
eine allgemeine Wirksamkeit ausschließen.

Wir wären jetzt mit den vom Verein angegebenen Ursachen der Noth und mit den von ihm dagegen vorgeschlagenen Mitteln zu Ende. Allein es bleibt uns noch ein Verhältniß zu erwähnen, welches man ebenfalls als die Ursache
der Noth angegeben hat: das Verhältniß zwischen dem
Fabrikherrn und dem Fabrikarbeiter. In der That ist den
erstern häufig die Noth der letztern aufgebürdet worden; man
hat oft gesagt, der Unternehmer bereichere sich durch Herab-
drückung des Arbeitslohns und begründe seinen Wohlstand
auf dem Elende der Arbeiter. Wenn unsere vorangegangene
Darstellung richtig war, so können allerdings einzelne Be-
drückungen der Arbeiter durch unbarmherzige Fabrikherren
vorkommen. Allein wir können dieser in einzelnen Fällen
möglichen Willkür keine allgemeine Bedeutung zugestehn und
sie nicht als eine wesentliche Ursache der Noth betrachten.
Der Fabrikherr steht unter demselben Gesetz, gehorcht derselben Nothwendigkeit wie der Fabrikarbeiter; dieses Gesetz
und diese Nothwendigkeit sind für beide die Konkurrenz,
welche dem Fabrikherrn wie dem Fabrikarbeiter den Preis
bestimmt. Ferner ist zu bedenken, daß der Gewinn des
Fabrikherrn nur durch die Menge der von ihm beschäftigten Arbeiter entsteht und daß ein Jeder derselben ihm nur

einen kleinen Ueberschuß abwirft. Es würde daher auch den Arbeitern keine wesentltche Verbesserung verschaffen, wenn eine Association derselben an die Stelle des Unternehmers treten und den Gewinn unter sich theilen wollte, angenommen auch, sie könnten das nöthige Kapital zusammenbringen und das Risiko tragen. Der dira necessitas der Konkurrenz würde auch die Arbeiter=Association nicht entgehn.

Wir haben nun alle möglichen Wendungen versucht, um der Härte des Princips zu entgehn, aber wir sind immer wieder auf dasselbe zurückgeworfen worden. Unsere Ausgleichungs= und Vermittelungsversuche haben diese Härte vielleicht zu mildern, aber nicht zu überwinden vermocht. Wir würden daher, wenn der Verein nicht noch ganz unerwartete Mittel in petto hat, sagen müssen, daß die Frage umfassender ist, als die bis jetzt zu ihrer Lösung in Vorschlag gebrachten Mittel, und daß der Feind, zu dessen Bekämpfung der Verein ausgezogen ist, gewaltiger ist, als der letztere zu glauben scheint.

Doch übereilen wir unser Urtheil nicht. Wenn auch die zu besiegenden Schwierigkeiten groß sind und unüberwindlich scheinen, so sind doch auch Eure moralischen Kräfte groß. Habt Ihr doch auch unüberwindliche Begeisterung, ernsten Willen, unermüdliche Aufopferungsfähigkeit; habt Ihr doch auf diese Grundlagen einen Verein, einen freien Verein gegründet. Das ändert freilich die Sache; mit solchen Eigenschaften lassen sich alle Schwierigkeiten besiegen. Doch auf Treu und Glauben nehmen wir auch sie nicht als vollgültig an, und Ihr werdet es uns hoffentlich nicht übel nehmen, wenn wir sie uns näher betrachten.

Ihr habt einen freien Verein gegründet! Sehr gut, und wir werden gewiß nicht die Bedeutung und die Wirksamkeit der Vereine in unserer Zeit verkennen; aber der Charakter dieser ist der Industrialismus, der Egoismus; also gerade das

Gegentheil der Aufopferung. Der Industrialismus ist eben nichts Isolirtes, sondern durchdringt alle Lebensgebiete, nnd mehr oder weniger durchdringt und beherrscht er Euch alle. Wo die Vereine nur industriellen Zwecken dienen, wo es sich um den Bau von Eisenbahnen, von Aktienunternehmungen handelt, da werden wir gewiß das Größte zu Stande kommen sehn. Wo Prämien und hohe Dividenden winken, da werden Millionen über Millionen zuströmen. Aber wo es sich um einen Verein handelt, der auf Aufopferung begründet werden soll, der keine andere Dividende zahlen kann, als das Bewußtsein, zu einem menschlichen Zwecke mitzuwirken!? Wir haben einige Zweifel.

Aber hüten wir uns voreilig abzusprechen und sehen wir uns die Begeisterten und Aufopferndennäher an, fragen wir, wie weit ihre Begeisterung und Aufopferungsfähigkeit reicht. Also, Herr Armenvorsteher, der Chateau=Laffitte scheint Ihnen beim Diner von 1½ Thlr. vortrefflich zu schmecken, und der Anblick der Noth, die heute Morgens bittend an Ihre Thüre klopfte, scheint wenigstens Ihrem Appetit keinen Eintrag gethan zu haben! Wie wäre es — doch nein, ich sehe schon, wie die Wörter nivellirende und destruktive Theorien auf den Lippen des Herrn Armenvorstehers schweben, ich höre ihn schon sagen, was würde es helfen, wenn ich auch keinen Chateau=Laffitte tränke und auf das Diner zu 1½ Thlr. verzichtete? Meine Entsagung würde doch der großen Masse der Nothleidenden keine Erleichterung bringen. — — Aber Sie, Herr Fabrikbesitzer, der Sie tagtäglich die Noth vor Augen sehn, Sie werden doch für einen so edlen Zweck, wie ihn der Verein zum Wohl der arbeitenden Klassen hat, mehr als einen Thaler unterschreiben? Indeß sagen Sie, wenn Sie mehr unterschrieben, würden Sie der Privatwohlthätigkeit Schranken setzen müssen. Ja wohl, Pharisäer! — Doch Sie, ehrenwerther Mann, der Sie neulich mit so großer Wärme von dem Loose der armen Kinder sprachen, Sie werden meinem Vorschlage von ganzem Herzen entgegenkommen. Sehen Sie diese beiden kleinen Mädchen von Thür zu Thür schleichen; ihre dünnen Röcke, durch welche der Wind hindurchweht, lassen keinen Zweifel darüber, daß sie frieren, und sie sagen auch, sie hungerten. Wolan, beide sind hübsch und wohlgebildet, adoptiren Sie dieselben! Sie haben zwar selbst Kinder, aber Sie werden auch schon die Mittel für Ihre beiden Adoptivtöchter aufzubringen wissen. Wie! Sie greifen nicht mit beiden Händen zu, Sie besinnen sich, Sie lächeln verlegen! — Und Du Volksredner und Menschheitsbeglücker, dessen Augen heute Abend die Noth der Armen eine Thräne entlockte! Du gehst nach der Versammlung zu Flügge, wo Du drei Glas Bairisches Bier, das Glas zu 3 Sgr., trinkst und ein Beefsteak zu 6 Sgr. issest. Du warst eben zu sehr in ein Gespräch über die heiligsten Interessen der Menschheit vertieft, sonst würdest Du die bleiche Jammergestalt des Bilderbogenjungen bemerkt haben, die sich eben durch die Thür zu drängen suchte. Die Vorsorge des Wirths hat Dir diesen Anblick erspart; sonst hättest Du dem Jungen einen Sechser gegeben und ihn Witze machen lassen.

Ihr werdet mitleidig die Achseln über mich zucken und ausrufen: Schwärmerei und Extravaganz! Ganz gewiß, aber wenn Ihr diese Schwärmerei und Extravaganz nicht habt, so lasset die Hand aus dem Spiele.

Doch wir sind noch immer nicht zu Ende mit Euren Mitteln, ja das bedeutendste derselben haben wir noch nicht einmal betrachtet. Als solches führt Ihr aber die „sittliche Hebung der untern Volksklassen" an. Es fragt sich daher, ob Ihr mit dieser das Deficit Eurer materiellen Wirksamkeit werdet decken können.

Uns scheint die sittliche Hebung der untern Volksklassen

auf einer unbegründeten Voraussetzung zu beruhen, welcher
wir den Satz entgegenstellen werden, daß die Sittlichkeit sich
innerhalb eines Volks nicht nach den verschiedenen Volks=
klassen abscheiden läßt, und daß wenn irgendwo im Volks=
leben ein sittlicher Verfall eintritt, dieser nicht von einer
Klasse, sondern vom ganzen Volke verschuldet ist.

Ihr dürft nicht einmal einen solchen Bruch zugeben,
ohne gegen Euch selbst zu zeugen; denn wenn wirklich die
große Masse, die unteren Volksklassen, tief unter Euch stün=
den, so würde doch die Schuld immer auf Euch, die Ge=
bildeten, zurückfallen. Das Verhältniß zwischen Gebildeten
und Ungebildeten, zwischen Elite und Masse, zwischen Herr=
schenden und Beherrschten ist überall ein solidarisches und
gegenseitig bedingendes. Die Rohheit der Ungebildeten wird
bedingt durch die Bildung der Gebildeten, wie die Niederträch=
tigkeit des Leibeigenen durch die Härte des Leibherrn, wie der
Stumpfsinn des bigotten Pöbels durch seine geistlichen Leiter
bedingt wird. Es mag Eurer Eitelkeit schmeicheln, Euch als
über der großen Masse stehend zu denken, der Gedanke mag Euch
kitzeln, die untern Volksklassen zu Eurer Höhe zu erheben; aber
wenn Ihr Euch in diesem süßen Wahne berauschet, so nehmt
auch die Konsequenz an. Diese aber würde sein, daß ein
Mitglied der von Euch zurückgesetzten niedern Volksklassen
vor Euch hinträte und zu Euch sagte: Ihr beklagt Euch über
unsere Rohheit und über unsere Unbildung; aber wie könnt
Ihr Euch darüber verwundern, da Ihr die Feinheit und
die Bildung, deren Ihr Euch rühmt, nur in Euren gegen=
seitigen Beziehungen unter Euch walten lasset, für uns aber
nur Härte und beleidigende Zurücksetzung habt? Wo sollen
wir denn die Bildung herbekommen, da uns die gebildeten
Kreise verschlossen sind, und Ihr selbst die Brücke geistiger
Vermittlung zwischen Euch und uns abgebrochen habt? Ihr
selbst betrachtet uns nicht als Eures gleichen, wie könnt Ihr

also fordern, daß wir wie Ihr sein sollen. Und was woll=
tet Ihr dem Manne, der so spräche, erwiedern? Er würde
ebenso Recht haben wie Ihr.

Aber beruhigt Euch, die Differenz, die Ihr annehmt,
ist nicht vorhanden, die niedern Volksklassen sind gerade so
sittlich und so unsittlich wie Ihr selbst. Ihr findet in bei=
den Klassen dieselben sittlichen Tugenden und dieselben Laster,
dieselben Ansichten und Vorurtheile über Recht und Unrecht,
denn beide sind ja in derselben sittlichen Athmosphäre auf=
gewachsen, haben dieselben Lehren eingesogen, werden durch
dieselben Ideale angezogen und durch dieselben Popanze ge=
schreckt. Das Wesen ist dasselbe, höchstens ist die äußere
Form verschieden. Ihr betrinkt Euch in Wein oder bai=
rischem Bier, die niedern Volksklassen in Schnaps. Ihr
tobt euch in glänzenden Räumen aus, die untern Volks=
klassen in schmutzigen Spelunken. Ihr spielt mit Gold oder
mit Thalern, die untere Volksklasse mit Dreiern. Ihr seid
auf eine elegante Weise brutal, die niedere Volksklasse un=
verhüllt brutal. Aber glaubt nur ja nicht, daß Eure Ge=
meinheit darum weniger gemein, Eure Rohheit weniger
roh ist.

Euren geheimsten Gedanken haben wir freilich noch
nicht ausgesprochen; die Sittlichkeit ist nicht immer eine und
dieselbe, sondern sie wird durch die vorherrschende Richtung
der Zeit bestimmt. Wenn aber unsere Zeit als die vorherr=
schend ökonomische und industrielle bezeichnet werden kann,
so wird die dieser Richtung entsprechende Tugend die Spar=
samkeit sein. Wie die Sittlichkeit des Römers darin bestand,
für die Größe Roms zu arbeiten und diesem allgemeinen
Zwecke alle privaten Zwecke unterzuordnen, wie der Christ
seine Sittlichkeit dadurch bewährte, daß er allen Qualen und
Martern trotzte und sich ihrer freute, wie die Ehre die sitt=
liche Tugend des Mittelalters bildete, so besteht die Sitt=

lichkeit unseres Zeitalters im Aufsammeln und Erzeugen von Tauschwerthen. Dieser Tugend muß freilich der Leichtsinn des Nichtsparens, des Vergeudens von Tauschwerthen als Laster erscheinen. Wir kommen also wieder auf die Sparkassen zurück, von denen wir schon zugestanden haben, daß sie da wirken können, wo noch eine Grundlage für das Sparen vorhanden ist.

Wir stimmen also dafür, daß der Verein die Gedanken an eine Radikal=Reform fahren lasse; wir stimmen ferner dafür, daß er sich zunächst mit der Untersuchung der Noth und der vorhandenen Zustände beschäftige.